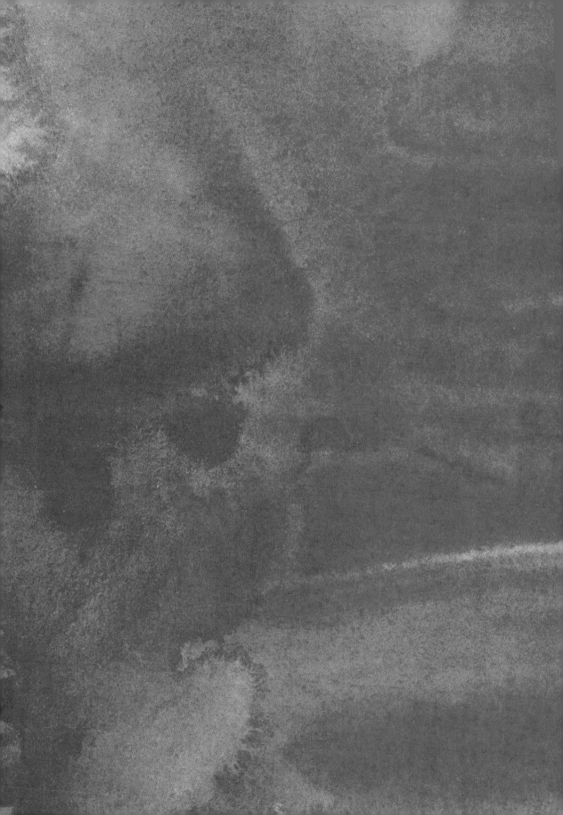

Creados para Florecer

CREADOS PARA

Florecer

Cultivando una vida abundante

BETH MOORE

Tyndale House Publishers
Carol Stream, Illinois, EE. UU.

Visite Tyndale en Internet: tyndaleespanol.com y BibliaNTV.com.

Visite Beth Moore en Internet: lproof.org.

TYNDALE y el logotipo de la pluma son marcas registradas de Tyndale House Ministries.

Creados para florecer: Cultivando una vida abundante

Originalmente publicado en inglés en el 2020 como *Made to Flourish* por Tyndale House Publishers con ISBN 978-1-4964-4096-9.

Adaptado de *Persiguiendo la vid*, ISBN 978-1-4964-4407-3.

Fotografía del autor © por Amy Kidd Photography. Todos los derechos reservados

Las fotografías e ilustraciones les pertenecen a los propietarios de los respectivos derechos y todos los derechos están reservados. Abstract watercolor blobs © whiteheartdesign/Creative Market; scenic landscape © canadastock/Shutterstock; blue grapes by Tolga Ahmetler on Unsplash; vineyard sketch © first vector trend/Shutterstock; graft by Charles Baltet, public domain; grape bunch and leaf © Liliya Shlapak/Shutterstock; pruning tool © Astro Ann/Shutterstock; paper texture © katrich/iStockphoto; vine roots by Lindsey Bergsma © Tyndale House Publishers; classic vineyard © etraveler/Shutterstock; abstract painted watercolors © Kaidash/Shutterstock.

Diseño: Julie Chen

Edición en inglés: Stephanie Rische

Traducción al español: Virginia Powell

Edición en español: Adriana Powell

Publicado en asociación con Yates & Yates, LLP (www.yates2.com).

Las citas bíblicas sin otra indicación han sido tomadas de la *Santa Biblia*, Nueva Traducción Viviente, © 2010 Tyndale House Foundation. Usada con permiso de Tyndale House Publishers, 351 Executive Dr., Carol Stream, IL 60188, Estados Unidos de América. Todos los derechos reservados.

Las citas bíblicas indicadas con NVI han sido tomadas de la Santa Biblia, *Nueva Versión Internacional.®NVI.®* © 1999 por Biblica, Inc.® Usada con permiso. Todos los derechos reservados mundialmente.

Las citas bíblicas indicadas con RVA han sido tomadas de la Reina-Valera Antigua, en dominio público.

Las definiciones en este libro han sido adaptadas del Diccionario de la Real Academia Española en línea, https://dle.rae.es/, y/o de *Merriam-Webster* en línea, https://www.merriam-webster.com.

Para información acerca de descuentos especiales para compras al por mayor, por favor contacte a Tyndale House Publishers a través de espanol@tyndale.com.

ISBN 978-1-4964-5066-1

Impreso en China
Printed in China

27 26 25 24 23 22 21
7   6   5   4   3   2   1

Contenido

Introducción

*H*e estado enamorada de las enseñanzas de Cristo sobre la vid y sus ramas desde mis primeros pasos en el estudio bíblico, y vengo enseñando por lo menos durante veinte años sobre el llamado a dar fruto como una parte esencial de la satisfacción en la vida. Sin embargo, lo fascinante de las Escrituras es que, a diferencia de cualquier otro libro que haya estado en manos humanas, la tinta puede estar seca, pero está lejos de ser letra muerta. Sus palabras están vivas y siguen activas, y el Espíritu Santo que las inspiró puede animar hasta el párrafo más conocido y darle nueva vida.

Me ocurrió en la Toscana hace un año, en un viaje soñado que hice con mis hijas. El lugar era como de otro mundo. Nos quedamos tres noches en un hospedaje en una ladera, en el cuadrante más elevado de un viñedo. En cualquier dirección que mirara, veía viñas.

Una mañana, camino al pueblo en taxi, vimos a los últimos cosechadores pasando entre las hileras, inspeccionando las viñas y cortando los racimos restantes cargados de fruta. Me sentí fascinada, como si estuviera mirando la representación viva de algunas de las parábolas de Cristo. No se me pasó por alto que una de sus últimas exhortaciones a los discípulos fue, básicamente, que produzcan «mucho fruto» (Juan 15:5-8). He estado obsesionada con la figura de la viña desde entonces.

Cuando Jesús les dijo a sus discípulos que su Padre es el horticultor (Juan 15:1), no estaba usando una imagen arbitraria para ilustrar su punto. Desde el primer libro de la Biblia, descubrimos que Dios es un horticultor:

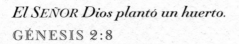

El SEÑOR Dios plantó un huerto.
GÉNESIS 2:8

Desde el comienzo, vemos a Dios mismo con pala y azada. Es Dios mismo en acción con hierbas y bulbos. Es Dios con su propia habilidad y sin ninguna «Guía para el horticultor».

Me maravilla que Dios eligiera hacer crecer lentamente algo que podría haber creado en estado adulto. ¿Por qué, digo yo, se tomaría el trabajo de plantar un huerto que entonces tendría que germinar, en lugar de ordenar su existencia directamente en plena floración? ¿Por qué abandonar su escritorio y ensuciarse los pies con tierra?

Porque Dios se complace viendo crecer las cosas.

Esta metáfora recorre toda la Biblia mientras Dios cultiva su pueblo con cuidado, habilidad y determinación. Cuando Jesús inició su ministerio en la tierra, llevó esta idea a un nivel completamente nuevo, revelando que él mismo es la Vid. Nos invita al sagrado terreno de la permanencia, llamándonos a florecer en la vida abundante que él ofrece.

En las páginas que siguen, le invito a explorar la vida fructífera a través del idioma de la huerta... y las palabras del Maestro Horticultor.

Beth Moore

Horticultura

hor-ti-cul-tu-ra

horticultura, s. f.
1. conjunto de técnicas y
conocimientos relativos al
cultivo de los huertos y las
huertas

La Biblia utiliza una y otra vez términos de jardinería para las acciones de Dios. En 2 Samuel 7:10, algunas versiones describen a Dios designando y plantando, no colocando, a su pueblo en donde él lo quería. El Salmo 94:9 (RVA) dice que Dios «plantó el oído» en el ser humano y, según Lucas 22:51, sin duda Jesús podía replantarlo con toda facilidad, de ser necesario. Palabras como *arraigado* y *desarraigado* y *conectado a tierra* vienen del lenguaje de la jardinería. Dios es el Maestro Horticultor, y nosotros somos sus tiernas semillas.

Usted ha sido escogido y plantado por el Señor, y él lo está preparando para una gran cosecha. Lo está cultivando para que se desarrolle, florezca y dé mucho fruto. Si nos sometemos a sus caminos, por misteriosos y dolorosos que puedan ser por momentos, descubriremos que es todo parte del proceso que nos permite crecer y dar fruto.

El SEÑOR Dios plantó un huerto en Edén, en el oriente,

y allí puso al hombre que había formado. El SEÑOR Dios

hizo que crecieran del suelo toda clase de árboles:

árboles hermosos y que daban frutos deliciosos.

GÉNESIS 2:8-9

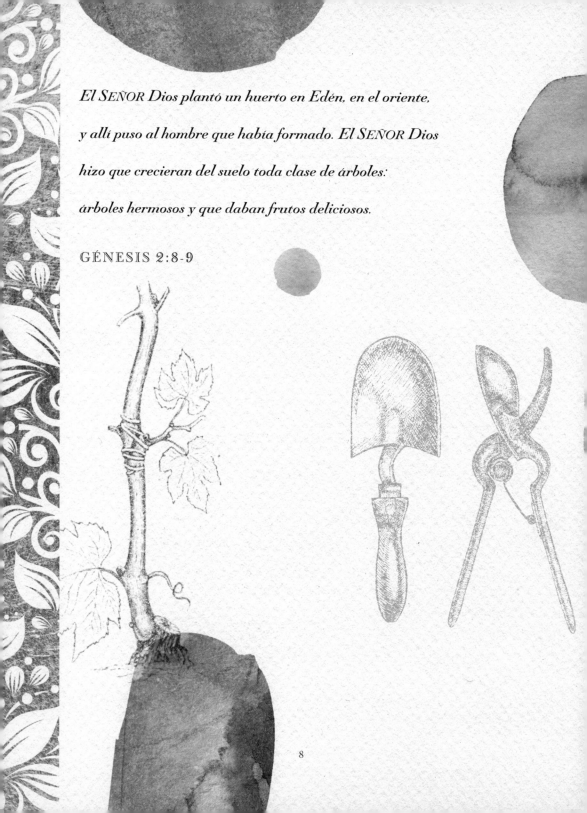

DIOS SE COMPLACE
VIENDO CRECER
LAS COSAS.

Tierra

tie-rra

tierra, s. f.
1. el planeta
que habitamos;
también: material
desmenuzable del
cual principalmente
se compone el suelo
natural

La creación presentó la parte térrea del cielo. Al tercer día, Dios creó la tierra, y le gustó. Pobre la persona que confunde la tierra con suciedad o con mugre.

La tierra envuelve esta roca giratoria a la que llamamos planeta tierra con una fina cubierta horadada, porosa y sedienta. La tierra aloja a las hormigas tanto en elevaciones como en oquedades. Registra toda criatura a pie, lagartija y leopardo por igual, con por lo menos una huella efímera. La tierra bajo las uñas de un elefante puede acabar como pantalla solar para su piel delicada cuando la arroja con su trompa sobre el lomo.

El hecho es que, en manos del consumado Alfarero, la tierra es el alimento de su torno.

Después de poner en existencia el universo sin otra cosa que su voz, Dios hundió sus manos en la tierra (*adamah* en hebreo) y le dio forma a un ser humano (*adam*).

La palabra *humano* significa literalmente «criatura de la tierra», de la palabra *humus*, o suelo[1].

La idea de un Dios que se mantiene a distancia es un pensamiento cómodo. Podríamos imaginarnos al Creador con brazos muy largos que le evitan ensuciarse el rostro con polvo durante el duro proceso de la creación, pero soplar aliento de vida en la nariz de un ser humano esboza una postura diferente.

Aquí tenemos a un Creador que se inclina muy abajo, hasta el nivel de la tierra. Aquí tenemos a un Dios que está muy arriba y encumbrado, pero ahora se agacha y le da vida al polvo. Dios, boca-a-nariz con el hombre.

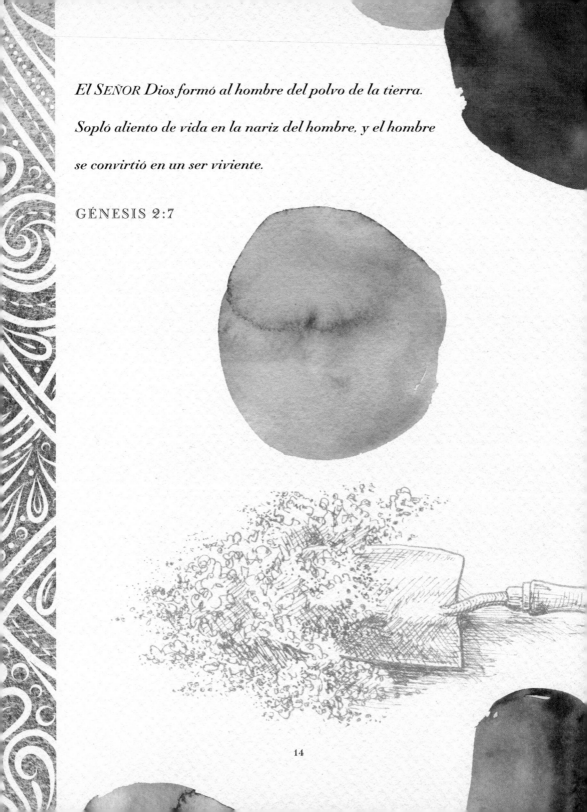

El SEÑOR *Dios formó al hombre del polvo de la tierra.*

Sopló aliento de vida en la nariz del hombre, y el hombre

se convirtió en un ser viviente.

GÉNESIS 2:7

DIOS CREÓ LA TIERRA,
Y LE GUSTÓ.

Racimos

ra-ci-mo

racimo, s. m.
1. conjunto de flores o frutos
sostenidos por un eje común

*L*as uvas no crecen en solitario; solo lo hacen en racimos. Trepe las mejores colinas del mundo y recorra sus valles fértiles, y encontrará racimos en toda clase de colores —rosa, bordó, carmesí, verde, negro, azul oscuro, amarillo y naranja— hasta el alucinante número de diez mil variedades.

La palabra hebrea para «racimo» es *eshcol*. Cuando los espías israelitas exploraron la Tierra Prometida, una rama con un único racimo de uvas tuvo que ser transportada entre dos hombres sobre un palo... ¡ese sí que es un racimo pesado! Un horticultor sugiere que esas uvas eran de una variedad siria conocida por producir racimos que pesan entre nueve y catorce kilogramos[2].

Miles de años más tarde, en esa misma tierra, creció una Vid, que por su aspecto parecía común. Esa Vid le hizo una promesa a una docena de ramas, si tan solo permanecían en ella.

Mucho fruto. Fruto pesado. Fruto generoso. El fruto más productivo del mundo.

A través de Jesucristo, usted pertenece al linaje de los antiguos productores de fruto de la Biblia. Junto con el resto del racimo divinamente llamado, está convocado a producir mucho fruto. Fruto pesado. Fruto generoso. El fruto más productivo del mundo.

¡Qué maravilloso y agradable es

cuando los hermanos conviven en armonía!

Pues la armonía es tan preciosa como el aceite de la unción

que se derramó sobre la cabeza de Aarón,

que corrió por su barba

hasta llegar al borde de su túnica.

La armonía es tan refrescante como el rocío del monte Hermón

que cae sobre las montañas de Sion.

Y allí el SEÑOR ha pronunciado su bendición,

incluso la vida eterna.

SALMO 133

ESTA ES LA
BENDICIÓN:
LA VIDA
ETERNA.

Viticultor

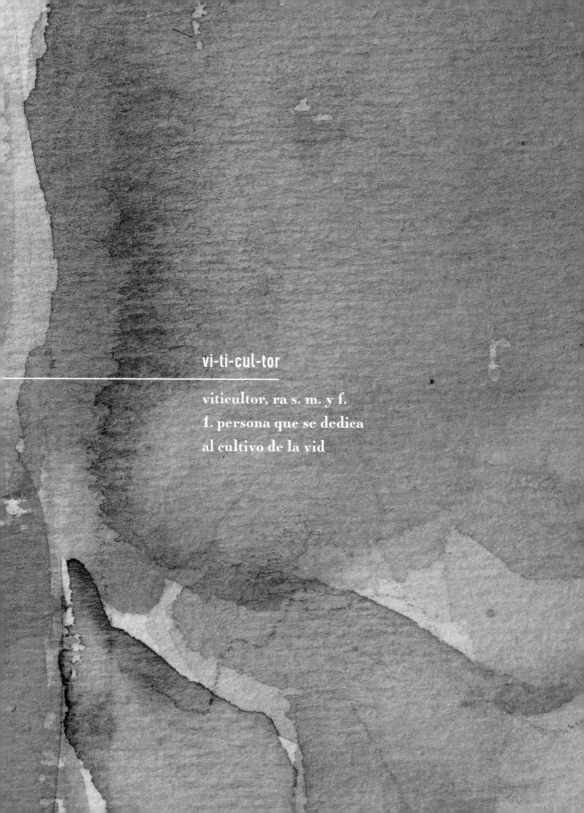

vi-ti-cul-tor

viticultor, ra s. m. y f.
1. persona que se dedica
al cultivo de la vid

Cuando Jesús contó la parábola de la higuera, a mitad del Evangelio de Lucas, puso más alto el volumen al hablar de la paciencia y la compasión del viticultor. Este sinceramente deseaba dilatar el juicio para poder trabajar sobre el árbol y exhortarlo a dar fruto. Si, después de un tiempo convenido, el árbol seguía sin producir nada, estaría de acuerdo con dar el enérgico golpe del hacha.

No le sorprenda que el Viticultor entre a cavar en su bien cuidado terreno. Ni siquiera le importaría destruir el diseño de su jardín, si fuera necesario.

No se ocupará simplemente de inhumar los viejos esqueletos o remover unos pocos fósiles de su árbol familiar. Es probable que desentierre todo tipo de cosas que fueron sepultadas con vida.

Pero si lo hace, no necesita preguntarse por qué. El Viticultor cava alrededor de las raíces para estimular el fruto, para incitar y provocar la productividad de la planta, para sacudirla un poco con la pala y despertarla para que haga aquello para lo que había sido destinada.

Así es la gracia de Dios. Este es el poder transformador de la Cruz. Esta es la manera de proceder del Dios de las innumerables oportunidades.

Ahora cantaré para aquel a quien amo

un canto acerca de su viña.

Mi amado tenía una viña

en una colina rica y fértil. [...]

¿Qué más podría hacer por mi viña,

que no haya hecho ya?

ISAÍAS 5:1, 4

EL VITICULTOR
NO TIENE MIEDO
DE ENSUCIARSE
LAS MANOS CON
UN POCO TIERRA.

Terroir

te-rroir

terroir, s [del francés]
1. combinación de
factores que incluye
el suelo, la pendiente,
el clima, la exposición
a la luz solar, y que da
a cada variedad de uvas
su carácter singular

*U*no de los términos más hermosos en viticultura es «*terroir*», que alude a «sentido de lugar»[3]. Es evidente su relación con la palabra *terre*, del francés, «tierra», pero *terroir* abarca más que el suelo. Incluye la interacción entre factores como el suelo, el clima, la planta misma y su orientación respecto al sol. En definitiva, estos factores modelan en conjunto la «personalidad» del fruto que resulta[4].

No diferimos mucho de esas viñas que requieren un medioambiente propicio para crecer. Pasamos toda la vida buscando el hogar. Ansiamos un sentido del lugar. Somos raíces colgando en el aire, llevadas por el viento, buscando desesperadamente un *terroir* adecuado. Eso es parte del misterio. Parte de lo romántico, en realidad. Porque en el aquí y ahora, no encontraremos nuestro *terroir* en ninguna parcela de suelo terrenal.

Como seguidores de Cristo, nuestro principal *terroir* o «sentido de lugar» es Cristo. Jesús es nuestro lugar de permanencia singular, el *terroir* de toda rama verdadera. La antigua viña, Israel, estaba enraizada en la tierra, pero Jesús no llamó a sus discípulos a aferrarse a la tierra: los llamó a aferrarse a él, incluso cuando salieran hacia los lugares más remotos de la tierra.

Yo soy la vid verdadera, y mi Padre es el labrador.

[...] Los que permanecen en mí y yo en ellos

producirán mucho fruto porque,

separados de mí, no pueden hacer nada.

JUAN 15:1, 5

TODOS ANSIAMOS
UN SENTIDO
DE LUGAR.

Altitud

al-ti-tud

altitud, s. f.
1. elevación o altura de un
objeto sobre la superficie
del planeta (sea con
respecto a la tierra o al
nivel del mar)

Sin valles, no hay montañas. No se puede reconocer una región montañosa sin una tierra baja. No se puede admirar adecuadamente una elevación sin tener respeto por el riesgo de una caída. En las Escrituras, las montañas y las colinas no tienen que ver solamente con altitudes. Tienen que ver con acción. Con movimiento. Con subidas y bajadas. Tienen que ver con ascender y descender, como los ángeles en la escalera de Jacob.

Recorrer las montañas requiere intencionalidad. No se puede andar por ellas con indiferencia. Hay que treparlas. Compromete los muslos y las pantorrillas, y las piernas se lo recuerdan días después. Uno debe cuidar cómo pisa en las pendientes, para no resbalar.

Sin embargo, una vez que llega a la cima, el premio es la vista panorámica. Para cualquiera que tenga alguna sensibilidad, la altitud hace cambiar la actitud. Allá arriba, alcanza una perspectiva totalmente diferente de dónde viene y hacia dónde va.

¡Abran camino a través del desierto

    para el SEÑOR!

¡Hagan una carretera derecha a través

    de la tierra baldía

para nuestro Dios!

Rellenen los valles

    y allanen los montes y las colinas;

enderecen las curvas

    y suavicen los lugares ásperos.

Entonces se revelará la gloria del SEÑOR

    y todas las personas la verán.

ISAÍAS 40:3-5

LA ALTITUD
CAMBIA
LA ACTITUD.

Naturaleza

na-tu-ra-le-za

naturaleza, s. f.

1. carácter o constitución
básica de cada ser
[persona o cosa]; esencia

 $\mathcal{N}$ o hay nada de natural en plantar sus raíces en el suelo del firme conocimiento de que usted es inmensa e inmutablemente amado por Dios. No es natural creer en algo así. Ciertamente no es natural que esta sea su convicción más profunda. Semejante creencia es divina. Es poderosa. Es proteína, no carbohidratos. Hace falta fuerza para «comprender [...] cuán ancho, cuán largo, cuán alto y cuán profundo es [...] el amor de Cristo, aun cuando es demasiado grande para comprenderlo todo» (Efesios 3:18-19). ¿Qué pasaría si buscáramos la fuerza pura para comprender lo inimaginablemente amados que somos? ¿Qué pasaría si buscáramos ese amor como la maravilla que realmente es?

Hay solo un amor que no puede marcharse. Hay solo un amor que se niega a tener altibajos, no importa cuáles sean las condiciones.

Ni la muerte ni la vida, ni ángeles ni demonios, ni nuestros

temores de hoy ni nuestras preocupaciones de mañana.

Ni siquiera los poderes del infierno pueden separarnos

del amor de Dios. Ningún poder en las alturas ni en las

profundidades, de hecho, nada en toda la creación podrá

jamás separarnos del amor de Dios, que está revelado en

Cristo Jesús nuestro Señor.

ROMANOS 8:38-39

HAY SOLO
UN AMOR
QUE NO PUEDE
MARCHARSE.

Intemperie

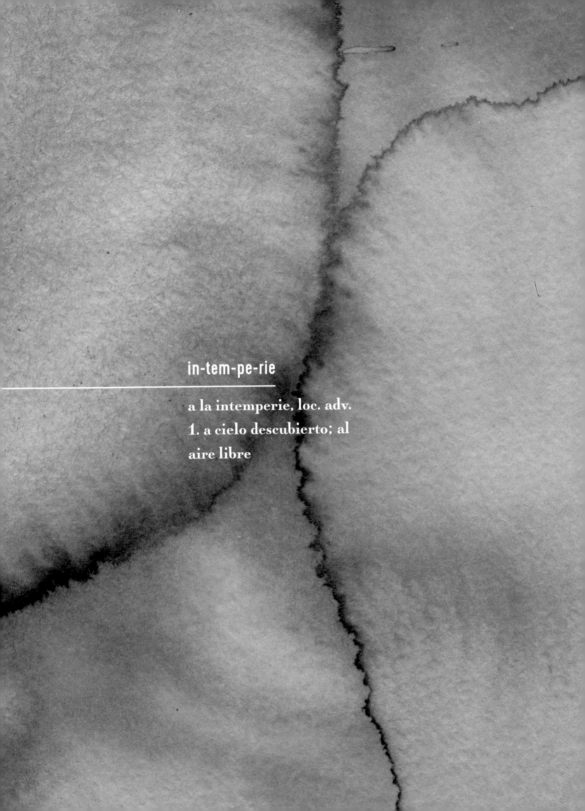

in-tem-pe-rie

a la intemperie, loc. adv.
1. a cielo descubierto; al
aire libre

La mayoría de las parábolas de Jesús nos sacan de la casa y nos exponen a la intemperie. Cuando estamos afuera, a merced de los elementos, recordamos qué poco control tenemos en realidad. Nos golpea otra vez la revelación de que no somos tan autosuficientes como pensábamos. Nos enfrenta a una reducción y a una magnificación. Podemos percibir a la vez nuestra pequeñez y la vastedad de Dios.

No se trata de que en el interior sí podemos manejar nuestros desafíos; se trata de que allí nos resulta más fácil creer en la ilusión de tener el control. También es más fácil adaptarnos a la luz artificial. Afuera, a la intemperie, donde nos sentimos más pequeños, nuestra significatividad no se encoge. Se agranda. Es Dios mismo quien escudriña el mundo para fortalecer los corazones entregados a él. Es ese mismo Dios quien planta raíces en los campos, no sobre baldosas.

Lo que estoy tratando de decir es que las viñas no se dan bien en los terrarios.

Los cielos proclaman la gloria de Dios

y el firmamento despliega la destreza de sus manos.

Día tras día no cesan de hablar;

noche tras noche lo dan a conocer.

Hablan sin sonidos ni palabras;

su voz jamás se oye.

Sin embargo, su mensaje se ha difundido por toda la tierra

y sus palabras, por todo el mundo.

SALMO 19:1-4

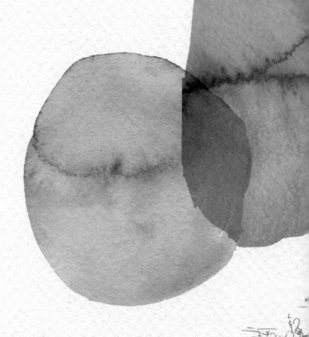

LA VERDADERA
BELLEZA SE
ENCUENTRA BAJO EL
MISMO CIELO QUE LA
VULNERABILIDAD.

Simbiosis

sim-bio-sis

simbiosis, s. f.
1. asociación de individuos
animales o vegetales de
diferentes especies, en la
que ambos sacan provecho
de la vida en común

*U*sted es una plantación del Señor, y su suelo es una combinación de elementos que él está utilizando para hacerle crecer en cooperación simbiótica con las necesidades absolutas de sol y lluvia. Toda clase de condiciones están siendo orquestadas sobre su cabeza y bajo sus pies para mejorar su crecimiento... y mucho de ello está fuera de la visión de su ojo desnudo.

Cristo habitará en el corazón de ustedes a medida que confíen en él. Echarán raíces profundas en el amor de Dios, y ellas los mantendrán fuertes. Espero que puedan comprender, como corresponde a todo el pueblo de Dios, cuán ancho, cuán largo, cuán alto y cuán profundo es su amor. Es mi deseo que experimenten el amor de Cristo, aun cuando es demasiado grande para comprenderlo todo. Entonces serán completos con toda la plenitud de la vida y el poder que proviene de Dios.

Y ahora, que toda la gloria sea para Dios, quien puede lograr mucho más de lo que pudiéramos pedir o incluso imaginar mediante su gran poder, que actúa en nosotros.

EFESIOS 3:17-20

USTED ES
UNA PLANTACIÓN
DEL SEÑOR.

Raíces

ra-íz

raíz, s. f.
1. parte de la planta que
generalmente crece hacia
el interior de la tierra

*C*on Dios, ir hacia abajo es la manera de subir. No hay otra forma de producir fruto arriba sin antes desarrollar raíz hacia abajo. No hay atajos. Nada de exenciones especiales. Nada de privilegios. Nada de excepciones para personas excepcionales. Ah, por un tiempo puede parecer que sí las hay, pero una planta con raíz superficial no pasará la prueba del tiempo.

En la parábola del sembrador, Jesús describe lo que ocurre cuando las plantas no echan raíz. La gente puede responder a sus palabras con los brazos abiertos y alegría eufórica... pero si no echan raíz, se perderán.

Un brote no sobrevive sin la raíz.

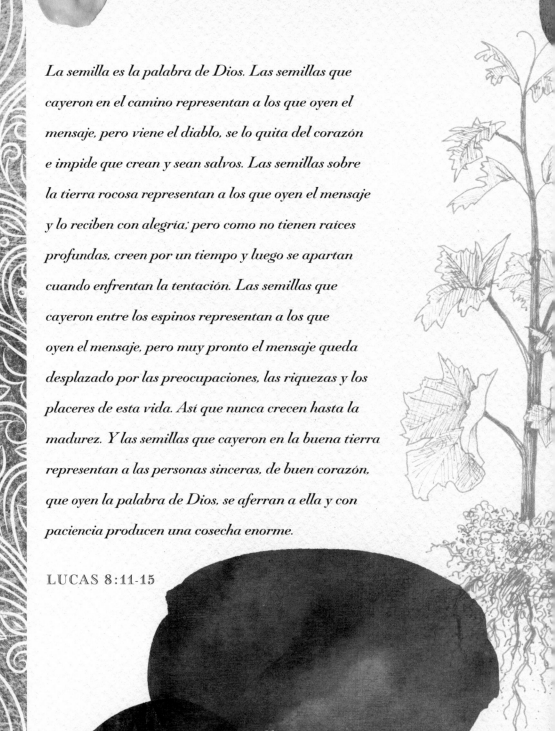

La semilla es la palabra de Dios. Las semillas que cayeron en el camino representan a los que oyen el mensaje, pero viene el diablo, se lo quita del corazón e impide que crean y sean salvos. Las semillas sobre la tierra rocosa representan a los que oyen el mensaje y lo reciben con alegría; pero como no tienen raíces profundas, creen por un tiempo y luego se apartan cuando enfrentan la tentación. Las semillas que cayeron entre los espinos representan a los que oyen el mensaje, pero muy pronto el mensaje queda desplazado por las preocupaciones, las riquezas y los placeres de esta vida. Así que nunca crecen hasta la madurez. Y las semillas que cayeron en la buena tierra representan a las personas sinceras, de buen corazón, que oyen la palabra de Dios, se aferran a ella y con paciencia producen una cosecha enorme.

LUCAS 8:11-15

CON DIOS,
IR HACIA ABAJO
ES LA MANERA
DE SUBIR.

Humus

hu-mus

humus, s. m.
1. conjunto de compuestos
orgánicos presentes en
la capa superficial del
suelo, procedente de
la descomposición de
animales y vegetales

No sé qué aspecto tiene a esta altura el suelo de su vida, pero adivino que, a menos que usted esté entre las escasas excepciones, algo terrible le ha ocurrido en algún punto u otro de su existencia.

Mezclada precisamente con la vida rebosante de su suelo, está la muerte: preparada, humilde, y dispuesta a enriquecer e incrementar todo lo que vive. Toda clase de muerte se convierte en humus en el suelo de la experiencia humana. Esto puede significar la muerte de algunos sueños, la muerte de algunas esperanzas, la muerte de algunos planes, la muerte de algunas relaciones.

He aquí la gran revelación: nada de eso lo mató. Tampoco a mí, como pensé que lo haría. Apuesto que usted también lo pensó. Aun así, aquí estamos, usted y yo, bien vivos, ya sea que lo quisiéramos o no.

Somos plantación del Señor, en cilindros de tierra bien fertilizados. La pregunta que queda no es si tenemos lo necesario para ser extraordinariamente fructíferos, sino: ¿estamos dispuestos a exponer nuestras tiernas raíces al extraño brebaje de vida y muerte que nos hace crecer? No es una pregunta menor.

«A medida que esparcía las semillas por el campo, algunas cayeron sobre el camino, donde las pisotearon y los pájaros se las comieron. Otras cayeron entre las rocas. Comenzaron a crecer, pero la planta pronto se marchitó y murió por falta de humedad. Otras semillas cayeron entre espinos, los cuales crecieron junto con ellas y ahogaron los brotes. Pero otras semillas cayeron en tierra fértil. Estas semillas crecieron, ¡y produjeron una cosecha que fue cien veces más numerosa de lo que se había sembrado!». Después de haber dicho esto, exclamó: «El que tenga oídos para oír, que escuche y entienda».

LUCAS 8:5-8

¿ESTÁ DISPUESTO A
EXPONER SUS TIERNAS
RAÍCES AL EXTRAÑO
BREBAJE DE VIDA Y
MUERTE QUE NOS
HACE CRECER?

Rizósfera

ri-zós-fe-ra

rizósfera, s. f.
1. suelo que rodea a
las raíces vegetales y
al que estas influyen
directamente

El componente subterráneo fundamental para cualquier planta se llama rizósfera: «cilindro de suelo que rodea la raíz de cada planta»[5]. En palabras de mi amigo Fred el Granjero, es «donde ocurre la vida real. La rizósfera es la interfase donde la raíz toca la tierra. Donde se conecta la interfase ocurre toda la vida».

En función de la metáfora que estamos desarrollando, usted, una plantación del Señor, tiene su propia rizósfera. Está arraigado en un cilindro de tierra, y para que la tierra sea un suelo bueno y fértil donde pueda florecer, debe ser una mezcla de todo tipo de materia orgánica: bacterias, algas, hongos, levaduras, protozoos, insectos, lombrices y demás.

Imagínese. Si está plantado en una tierra realmente rica, significa que una pequeña cucharadita de ella aloja millones de microbios. También produce amplia evidencia tanto de vida como de muerte. En otras palabras, todo cuenta. Incluso los finales no deseados, las pérdidas devastadoras, y hasta la muerte misma.

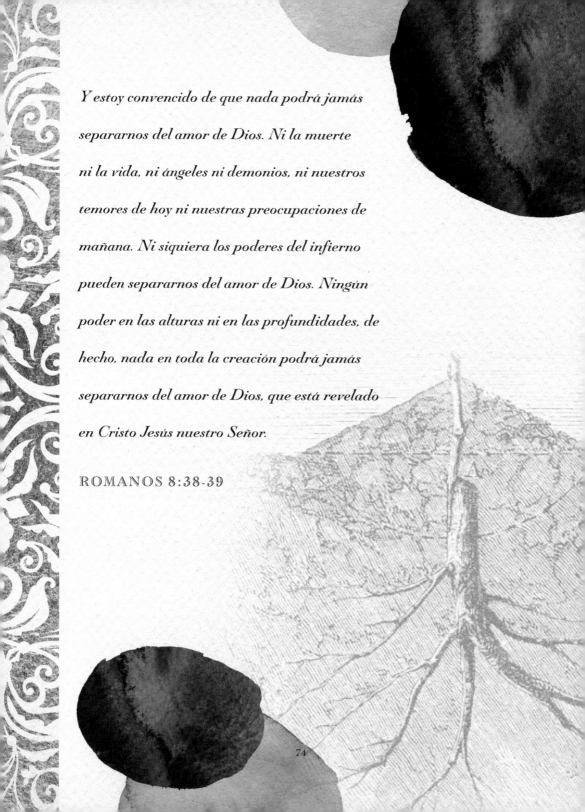

Y estoy convencido de que nada podrá jamás separarnos del amor de Dios. Ni la muerte ni la vida, ni ángeles ni demonios, ni nuestros temores de hoy ni nuestras preocupaciones de mañana. Ni siquiera los poderes del infierno pueden separarnos del amor de Dios. Ningún poder en las alturas ni en las profundidades, de hecho, nada en toda la creación podrá jamás separarnos del amor de Dios, que está revelado en Cristo Jesús nuestro Señor.

ROMANOS 8:38-39

74

LA BUENA TIERRA
REQUIERE UNA
COMBINACIÓN
DE VIDA Y MUERTE.

Piedras

pie-dra

piedra, s. f.
1. sustancia
mineral, más o
menos dura y
compacta
también:
fragmentos de ese
material

*L*as piedras no son simples obstáculos con los que tiene que luchar el viticultor, son algo que las viñas *necesitan* para poder prosperar.

Si el campo soleado donde está la viña no es suficientemente pedregoso, el viñedo será muy vistoso, tendrá hojas verdes exuberantes, pero dará poco fruto. Si el campo del viñedo es demasiado rocoso, le faltará tierra para tener raíces sustanciosas y lamentablemente se secará. Por lo tanto, el agricultor que busca un lugar perfecto para plantar su viña selecta, busca un sitio sensacional con buen clima, exposición generosa al sol, que se vea capaz de absorber agua y también drenar el excedente, y la proporción justa de piedras que ofrezcan el suficiente desafío para que sus viñas experimenten un poco de incomodidad.

Amados hermanos, cuando tengan que enfrentar

cualquier tipo de problemas, considérenlo como un

tiempo para alegrarse mucho porque ustedes saben

que, siempre que se pone a prueba la fe, la

constancia tiene una oportunidad para desarrollarse.

Así que dejen que crezca, pues una vez que su

constancia se haya desarrollado plenamente, serán

perfectos y completos, y no les faltará nada.

SANTIAGO 1:2-4

SOLO ES POSIBLE
DAR FRUTO CUANDO
ESTAMOS UN POCO
INCÓMODOS.

Hipaetral

hi-pa-e-tral

hipaetral, adj.
1. que carece de
techo

Hipaetral significa básicamente carente de techo. Cierta clase de milagros están reservados para las catedrales a cielo abierto. Solo ocurren *ahí afuera*, bajo los elementos.

Ahí afuera, nos encontramos bajo las estrellas a las que Dios llama por nombre, y nos vemos pequeños contra la expansión de los cielos.

Ahí afuera, descubrimos que estamos desprotegidos y somos vulnerables.

Ahí afuera, rugen las crecientes y el viento nos golpea incesantemente.

Ahí afuera, plantamos semillas y luego observamos fijamente durante días y días el suelo desnudo, preguntándonos si alguna vez brotará algo y si unos pocos días sin lluvia son indicadores de sequía. Ahí afuera no siempre podemos distinguir el trigo de la cizaña. Ahí afuera, podemos sentir hambre y sed de algo real, de algo íntegro... algo que adentro queda adormecido entre croquetas de queso y bebidas gaseosas.

Ahí afuera tenemos una vista despejada del horizonte, que nos permite divisar la silueta de los pródigos que vuelven a casa. Ahí afuera, alcanzamos a oler las ovejas antes de siquiera verlas. Ahí podemos sentir el calor del sol después de una noche oscura y fría. Ahí afuera descubrimos los tesoros escondidos en un campo, no en una caja fuerte. Ahí afuera podemos ver las cruces arrastradas por la tierra en lugar de verlas colgadas en santuarios.

Cuando miro el cielo de noche y veo la obra de tus dedos

   —la luna y las estrellas que pusiste en su lugar—, me pregunto:

¿qué son los simples mortales para que pienses en ellos,

   los seres humanos para que de ellos te ocupes?

Sin embargo, los hiciste un poco menor que Dios

   y los coronaste de gloria y honor.

SALMO 8:3-5

CIERTA CLASE
DE MILAGROS
SOLO OCURREN
AHÍ AFUERA.

Inspección

ins-pec-ción

_____

inspección, s. f.
1. acto de reconocimiento
exhaustivo con valoración
crítica

*H*ay solo una cosa peor que no producir fruto: producir fruto malo. Lo que confunde, en un mundo lleno de inspectores aficionados, es lo mucho que se puede parecer una uva ácida a una dulce.

Dado que el Padre llama a los seguidores de Jesús a una vida sumamente fructífera, es razonable que no haya pregunta más relevante que la siguiente: ¿Qué tipo de fruto estamos produciendo?

No podemos ver el fruto de la manera que Dios lo ve, pero con su ayuda somos totalmente capaces de distinguir entre un fruto bueno y uno malo.

La inspección se convierte en un acto de obediencia. Tenga presente que no estamos solamente a la caza de fruto malo. También estamos a la pesca de buen fruto. Si pensamos que Dios solamente condena y nunca alienta, solo nos dice lo que está mal en nosotros y nunca lo que está bien, probablemente se deba a que nos hemos creado un dios hecho a imagen de alguna autoridad humana que nos dejó marcados. Con Dios estamos seguros y somos amados, no importa qué clase de fruto estamos produciendo en este momento.

¿Cuál es la mejor manera de saber qué clase de fruto está produciendo en su vida? Busque las evidencias del frutos del Espíritu: «amor, alegría, paz, paciencia, gentileza, bondad, fidelidad, humildad y control propio» (Gálatas 5:22-23). Si el enfoque o la acción están sofocando las cualidades del Espíritu, usted está produciendo fruto malo. Por el contrario, si ponen en evidencia las cualidades del Espíritu, está produciendo fruto bueno.

La clase de fruto que el Espíritu

Santo produce en nuestra vida es:

amor, alegría, paz, paciencia,

gentileza, bondad, fidelidad,

humildad y control propio.

¡No existen leyes contra esas cosas!

GÁLATAS 5:22-23

LA INSPECCIÒN,
EN DEFINITIVA,
ES UN ACTO
DE OBEDIENCIA.

Ramas

ra-ma

rama, s. f.
1. cada una de las
partes que nacen del
tronco o tallo de una
planta

La tarea de la rama es permanecer. Toda rama que cumple con su tarea singular —la de permanecer en la Vid— tiene el fruto asegurado. «Fácil», decimos, pero nos pasamos la vida recayendo en la autonomía, arrepintiéndonos, y volviendo a aprender lo que significa permanecer.

En un sentido, permanecer suena como el mandamiento más fácil que debe llevar a cabo un seguidor de Jesús. Supone descansar en Aquel que es más fuerte que nosotros, más sabio y más poderoso que nosotros... Aquel que nos ama y nos defiende. A pesar de ello, para la mayoría de nosotros, el no hacer es infinitamente más difícil que el hacer. Dennos una lista de tareas, o una fecha límite o un encargo, pero por favor no nos pidan que soltemos y nos quedemos quietos.

Este es un buen momento para establecer un importante principio del permanecer: no significa estar inmovilizado. Esa es la belleza de Cristo que invierte completamente esta metáfora. La viña, que una vez era el campo, ahora ha sido reemplazada por Cristo. Esto significa que ya no permanecemos en un lugar sino en una persona. Vivimos en Jesús. Cuando él se mueve, nosotros nos movemos. Cuando él está quieto, nosotros lo estamos.

Por contradictorio que parezca, andar y permanecer no son opuestos.

De este modo sabemos que estamos unidos a él:

el que afirma que permanece en él

debe vivir como él vivió.

1 JUAN 2:5-6 (NVI)

YA NO PERMANECEMOS
EN UN LUGAR. AHORA
PERMANECEMOS
EN UNA PERSONA.

Podar

po-dar

podar, v.
1. cortar o quitar las
ramas superfluas de los
árboles, vides y otras
plantas para mejorar
su crecimiento y
fructificación

*N*ada es más doloroso para la rama que la poda, y nada es más irresponsable de parte del viticultor que evitarla.

Para algunos de nosotros, la poda comienza temprano en la vida; otros permanecen relativamente intactos hasta una edad más avanzada. No toda pérdida es parte de la poda, aunque la poda ciertamente puede parecer una pérdida.

Aun así, Dios nunca está más cerca de nosotros que durante el proceso de poda. Le es imprescindible sostener la rama mientras corta una flor con la uña del pulgar. Con Dios como Jardinero, la poda siempre es un esfuerzo activo. No puede soltarnos cuando nos está recortando. Su cuidado siempre es personal, nunca mecánico. Si permitimos que las tijeras de podar hagan su trabajo, el propósito siempre es el mismo: el crecimiento.

La poda, según Jesús, es una muy buena señal. No solamente apunta hacia el futuro fruto. Es la prueba de que ya hubo fruto.

Él corta de mí toda rama que no produce fruto y poda las ramas que sí dan fruto, para que den aún más.

JUAN 15:2

LA PODA DUELE,
PERO ES
LA PRUEBA
DEL FRUTO.

Trasplantar

tras-plan-tar

trasplantar, v.
1. trasladar plantas
del sitio en que están
arraigadas y plantarlas
en otro

Cuando usted se siente seguro plantado en un lugar al que reconoce como su hogar, nada puede resultar más desorientador que ser sacado de raíz y plantado en otra parte. Sin previo aviso, enfrenta la perspectiva de tener que comenzar todo de nuevo. Ya tenía el sentido del lugar. Creía saber cómo seguiría todo. El futuro se veía con claridad. Sus seres queridos estaban cerca. Ahora se siente como un extraño en un país desconocido.

A veces estará en ese lugar desconocido más tiempo de lo que imaginaba. Otras veces Dios lo sacará de allí y lo llevará directo de regreso a su lugar natal, solo para arribar a la desconcertante conclusión de que, aunque el lugar no ha cambiado, usted sí lo ha hecho.

Nada nos obsesiona tanto como nuestra búsqueda de un sentido del lugar. Resulta que la verdadera pertenencia se halla solo en el hueco de la mano soberana de Dios. Solamente allí encontramos nuestro lugar, incluso en medio de las estaciones de mudanza, plantado, desplantado y replantado.

Hallamos el descanso recién cuando encontramos nuestro lugar en Dios.

Aunque el camino a ese descubrimiento es a veces doloroso, el descubrimiento en sí mismo puede ser un alivio —y no solo para nosotros. Nos da el espacio para extendernos y crecer, y alivia a quienes nos aman de una carga demasiado grande para llevar.

Entonces podemos dar frutos misteriosos.

Que todo mi ser espere en silencio delante de Dios,

porque en él está mi esperanza.

Solo él es mi roca y mi salvación,

mi fortaleza donde no seré sacudido.

Mi victoria y mi honor provienen solamente de Dios;

él es mi refugio, una roca donde ningún enemigo puede alcanzarme.

Oh pueblo mío, confía en Dios en todo momento;

dile lo que hay en tu corazón,

porque él es nuestro refugio.

SALMO 62:5-8

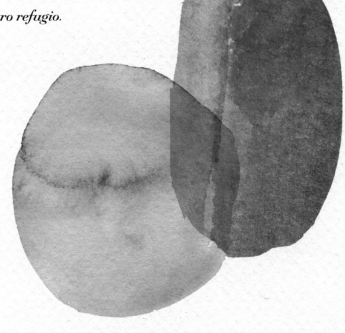

PASAMOS
LA VIDA
BUSCANDO
EL HOGAR.

Sobrecultivo

113

so-bre-cul-ti-var

---

sobrecultivo, v.
1. agotamiento de
la fertilidad del
suelo por abuso de
cultivo y ausencia de
fertilización adecuada

Vivimos en una era de estética, donde una de las metas principales es la belleza. Sin embargo, el propósito de una rama no es la belleza plasmada en la tela de un pintor: un viñedo prolijo, frondoso, las hojas húmedas por el rocío filtrado a través de la luz del amanecer.

El viticultor no se molesta en podar las ramas que no dan fruto. Poda las que sí dan. De lo contrario las viñas sufrirán sofocación por amontonamiento, o lo que los expertos denominan «sobrecultivo».

Experimentar un recorte importante luego de una producción asombrosa es algo que a los mortales nos parece contradictorio, especialmente en un mundo dominado por la pantalla en el que cuantos más *bytes*, mejor el producto. Sin embargo, parece que a Dios no le molesta que lo malinterpreten. Está decidido a hacernos bien y no se intimida frente a las acusaciones de que nos está haciendo daño.

Dios controla la metáfora, la metáfora no lo controla a él. Eso significa que puede ser creativo con sus tijeras de podar. Aun así, le diré lo que Dios no puede hacer: no puede hacer el mal. No puede ser desamorado, porque él mismo es amor. Su bondad es inseparable de su gloria (Éxodo 33:18-19). Usted puede confiar, como lo hizo David, que verá la bondad del Señor en la tierra de los vivientes (Salmo 27:13).

«Vengan, subamos al monte del SEÑOR,

  a la casa del Dios de Jacob.

Allí él nos enseñará sus caminos,

  y andaremos en sus sendas».

Pues de Sion saldrá la enseñanza del SEÑOR;

  de Jerusalén saldrá su palabra.

El SEÑOR *mediará entre las naciones*

  y resolverá los conflictos internacionales.

Ellos forjarán sus espadas en rejas de arado

  y sus lanzas en herramientas para podar.

No peleará más nación contra nación,

  ni seguirán entrenándose para la guerra.

ISAÍAS 2:3-4

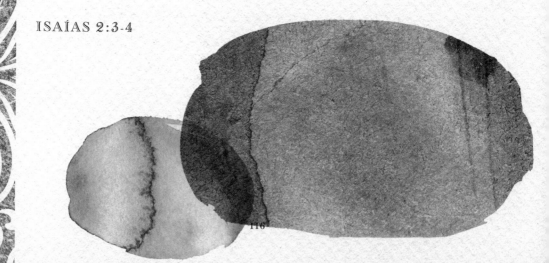

EN DEFINITIVA,
LA DOLOROSA
PODA ES UN DON
DE MISERICORDIA.

Fertilización

fer-ti-li-za-ción

fertilización, s. f.
1. preparación de la tierra
con el agregado de sustancias
(estiércol, abono vegetal o
productos químicos) para
mejor su productividad

No se equivoque: los que pertenecen a Dios —las ramas escogidas de la Viña perfecta— pueden producir fruto verde, ácido, amargo, podrido o maloliente. Yo lo he hecho. También lo he visto, olido y comido. Es posible ser moral y religiosamente rectos y producir fruto podrido.

La fruta enmohecida, deteriorada o picada por insectos no es agradable a la vista; pero siempre es mejor saberlo: el engaño nunca libera. La negación no endulza la uva agria. Hacer el duro trabajo ahora puede producir una cosecha diferente el próximo año.

El viticultor hace algo curioso con la fruta podrida. La vuelve al suelo y allí, bajo la tierra, mediante cierto milagro orgánico espectacular, fertiliza la futura cosecha.

Pero olvida todo eso;

no es nada comparado con lo que voy a hacer.

Pues estoy a punto de hacer algo nuevo.

¡Mira, ya he comenzado! ¿No lo ves?

Haré un camino a través del desierto;

crearé ríos en la tierra árida y baldía.

ISAÍAS 43:18-19

OLVIDA
TODO
ESO...

Espaldera

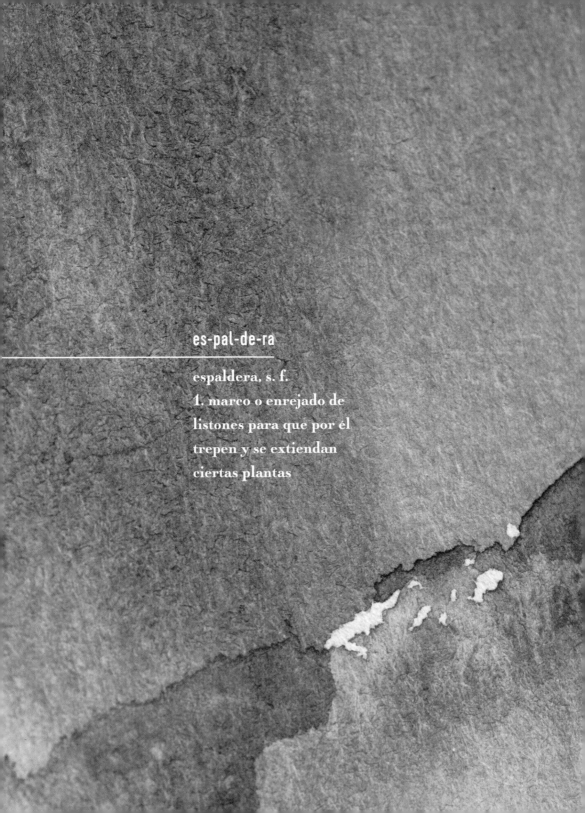

es-pal-de-ra

espaldera, s. f.
1. marco o enrejado de
listones para que por él
trepen y se extiendan
ciertas plantas

La espaldera le ofrece al viticultor una estructura para extender el dosel de la viña y mantenerla desenredada a medida que crece. Sin ella, algunas partes de la planta serán empujadas a la sombra por las ramas más agresivas. Esas ramas débiles quedarán entonces privadas de la luz solar y de la circulación del aire que requieren para prosperar.

Sin una espaldera, la viña se doblaría sobre sí misma, quedando atascada a nivel del suelo. Sin una espaldera, las ramas nunca elevarían sus ápices hacia la luz.

De la misma manera, la espaldera de la Cruz nos ejercita en el camino del perdón (Lucas 23:33-35). Levanta nuestra cabeza de la suciedad y del lodo, y alza nuestro rostro hacia la Luz.

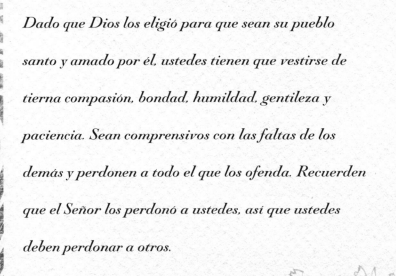

Dado que Dios los eligió para que sean su pueblo

santo y amado por él, ustedes tienen que vestirse de

tierna compasión, bondad, humildad, gentileza y

paciencia. Sean comprensivos con las faltas de los

demás y perdonen a todo el que los ofenda. Recuerden

que el Señor los perdonó a ustedes, así que ustedes

deben perdonar a otros.

COLOSENSES 3:12-13

LEVANTE
SU CABEZA,
Y ALCE SU ROSTRO
HACIA LA LUZ.

Tutoras

tu-to-rar

tutorar, v.
1. dirigir el
crecimiento (de una
planta), generalmente
mediante acciones de
orientar, podar y atar
sus ramas según la
forma deseada

El viticultor determinará un sistema de tutoría para su viña, de lo contrario no es un viticultor en absoluto. Cuando el tronco de la viña alcanza alrededor de 35 centímetros de altura, el viticultor la ata a algún tipo de estaca. Si no lo hace, debe dar por perdida la esperanza de una cosecha de calidad. A cada diez a quince centímetros de crecimiento, corresponde otra atadura.

Camine entre las hileras de cualquier viñedo en funcionamiento, y observará que la postura de la viña es un reflejo directo del sistema en el que está atada. En pocas palabras, la planta crecerá de acuerdo a la forma que se la va tutorando. El sistema puede variar desde simples postes y estacas hasta espalderas en forma de arco, pero cualquiera sea la forma que adopte, la viña en crecimiento necesita un soporte adecuado. Las ramas no pueden cargar por sí solas el peso de un gran rendimiento.

La Cruz de Cristo es nuestro sistema tutor. Cuando la rama permanece en la Vid, el perdón está completamente disponible. Fluye libremente, en forma horizontal y vertical.

Bienvenidos, todos y cada uno, al camino de la Cruz.

Pues la gracia de Dios ya ha sido revelada, la cual trae salvación a todas las personas. Y se nos instruye a que nos apartemos de la vida mundana y de los placeres pecaminosos.

En este mundo maligno, debemos vivir con sabiduría, justicia y devoción a Dios, mientras anhelamos con esperanza ese día maravilloso en que se revele la gloria de nuestro gran Dios y Salvador Jesucristo.

Él dio su vida para liberarnos de toda clase de pecado, para limpiarnos y para hacernos su pueblo, totalmente comprometidos a hacer buenas acciones.

TITO 2:11-14

LA FORMA EN QUE
SE NOS TUTORA
ES LA FORMA QUE
ADOPTAMOS
AL CRECER.

Fértil

137

fér-til

fértil, adj.
1. dicho especialmente
de la tierra: que
produce fruto en
abundancia, muy
productivo

$\mathcal{L}$a colina fértil de la que hablaba Isaías (Isaías 5:1) pudo haber sido el lugar más espectacular de la tierra, con un aspecto magnífico y una estética maravillosa. Pudo haber estado rodeada de un muro resplandeciente de piedra caliza y ser vigilada desde una elevada torre de piedra, sin escatimar gastos. Pero si el suelo no hubiera sido fértil, todo eso hubiera sido en vano.

No tenemos que ir muy lejos para encontrar la conexión entre suelo fértil y producción de fruto. La definición de lo que es *fértil* parece una descripción de las colinas de la Toscana: «Que produce frutos en abundancia, muy productivo».

¿Qué es entonces lo que hace que un suelo sea fértil y en consecuencia bueno?

La respuesta tal vez lo sorprende. Un buen suelo es una curiosa y cautivadora combinación de vida y muerte. Tan vital es la muerte para el suelo que la vida no puede existir sin ella. La materia en descomposición de animales y plantas es una fuente esencial de nutrientes para la sustentabilidad de la vida.

Tome una cuchara de la cocina y recoja una cucharada de tierra saludable: tendrá en su mano firme millones de microorganismos en una de las más asombrosas combinaciones de materia viva conocidas por la humanidad.

El punto es que a la vida de resurrección siempre le precede alguna forma de muerte. Así funciona la salvación, y también así crecen los salvados. Dios sabe que el buen suelo para que crezca algo de valor y, por supuesto, dé fruto, es una masa intencionalmente bien mezclada de vida y muerte, de germinación y descomposición.

Les digo la verdad, el grano de trigo,

a menos que sea sembrado en la tierra

y muera, queda solo. Sin embargo,

su muerte producirá muchos granos

nuevos, una abundante cosecha de

nuevas vidas.

JUAN 12:24

A LA VIDA DE
RESURRECCIÓN
SIEMPRE LE PRECEDE
ALGUNA FORMA
DE MUERTE.

Estacas

es-ta-ca

estaca, s. f.
1. trozo de madera o de
otro material con punta
en un extremo que se
clava en la tierra para
marcar o sujetar

La Cruz de Cristo es nuestra estaca en el suelo. Es inamovible. Es innegociable. Que otros se aten a lo que quieran; nosotros estamos atados a la Cruz. No se le puede restar importancia y tampoco se la puede adornar. No hay evangelio sin la Cruz.

La Cruz sigue siendo nuestro único medio para encontrar verdadera vida... no solo después que mudemos este cuerpo temporal que tenemos, sino aquí, ahora mismo. En esta misma tierra, en esta misma era, en la manzana misma donde vivimos.

Cuando llegaron a un lugar llamado «La Calavera»,

lo clavaron en la cruz y a los criminales también, uno

a su derecha y otro a su izquierda.

Jesús dijo: «Padre, perdónalos, porque no saben lo

que hacen». Y los soldados sortearon su ropa, tirando

los dados.

La multitud observaba, y los líderes se burlaban.

«Salvó a otros –decían–, que se salve a sí mismo si de

verdad es el Mesías de Dios, el Elegido».

LUCAS 23:33-35

LA CRUZ ES
NUESTRA ESTACA
EN LA TIERRA.

Fructifero

fruc-ti-fe-ro

fructífero, ra adj.
1. que produce fruto,
que rinde mucho

*F*uimos creados para contribuir, diseñados para aportar lo que somos y tenemos a la diversidad humana a fin de agregarle algún beneficio. Así era incluso en el paraíso impecable del Edén. Dios dijo a Adán y a Eva, de muchas maneras, «¡Produzcan! ¡Trabajen la tierra! ¡Vamos, sean fructíferos y multiplíquense! ¡Llenen la tierra!».

Jesús elevó el concepto a otra esfera tomando a las personas a las que había otorgado vida abundante y, mediante el poder de su Espíritu, haciendo que sus contribuciones fueran significativas no solo en forma provisoria, como con Adán y Eva, sino eterna.

Y no es solo para nuestro beneficio; Dios también quiere que nuestra vida cuente. Quiere que seamos profundamente efectivos. Ese anhelo que tenemos de contribuir, de hacer algo que valga la pena, no es solo un sueño que se consume a sí mismo. Si seguimos a Jesús, eso es lo que podemos esperar de la vida.

Ser fructífero no es una obligación rancia ni banal. Afecta directamente nuestro grado de felicidad, porque comprometernos con lo que Dios está haciendo es la única cosa que nos da verdadera satisfacción y paz. Dios está invadiendo el mundo con el evangelio de Cristo, buscando gente de toda lengua, tribu y nación para ofrecerles vida, fe, amor, esperanza, liberación, gozo y un futuro eterno donde él es Rey.

Nada puede tener más valor ni ser más estimulante. Y a medida que llevamos mucho fruto, formamos parte de eso.

Cuando producen mucho fruto,

demuestran que son mis verdaderos

discípulos.

Eso le da mucha gloria a mi Padre.

[...] Ustedes no me eligieron a mí,

yo los elegí a ustedes. Les encargué que

vayan y produzcan frutos duraderos.

JUAN 15:8, 16

DIOS ESTÁ
INVADIENDO
EL MUNDO
CON SU AMOR,
Y PODEMOS
SER PARTE
DE ESO.

Reproducción

re-pro-duc-ción

reproducción, s. f.
1. producción de nuevos
individuos u objetos
de la misma clase

Si proveemos a la viña de un medioambiente favorable, elegirá la vía vegetativa: es decir, pondrá su energía en producir hojas y brotes.

Efectivamente, es como si dijera: «Este es un buen lugar. Me voy a instalar aquí». No se preocupará mucho de producir uvas. Pero si le hacemos un poco difíciles las cosas a la viña, restringiendo la provisión de agua, escaseando los nutrientes, podándola severamente y amontonándole plantas alrededor, se molestará.

Sentirá que ese no es el lugar ideal para ser una viña. En lugar de dedicarse a crecer en tamaño y a extenderse, enfocará el esfuerzo en reproducirse, lo que en el caso de una viña significa producir uvas.

Mientras la planta de uvas se sienta cómoda y sin desafíos, echará hojas alegremente. Producirá hojas, hojas y más hojas para su bondadoso anfitrión. Producirá coronas de hojas para su propia satisfacción. Con el tiempo estará tan cubierta de hojas que el hambriento transeúnte que pase a su lado dirá: «No hay un miserable racimo para comer».

La vid se reproduce cuando le preocupa que su supervivencia esté en riesgo. Responde a la amenaza haciendo lo mejor que puede para asegurar que su especie sobreviva aunque ella no lo haga.

Permanezcan en mí, y yo permaneceré en

ustedes. Pues una rama no puede producir

fruto si la cortan de la vid, y ustedes

tampoco pueden ser fructíferos a menos que

permanezcan en mí.

JUAN 15:4

DIOS NO PERMITA
QUE SEAMOS
SOLO HOJAS
Y NINGÚN FRUTO.

Cultivo

cul-ti-vo

cultivo, s. m.
1. cuidado y preparación
del suelo y de las plantas
para que fructifiquen

El Hombre de Dolores era simultáneamente el Hombre del Júbilo, de formas que a lo mejor están más allá de nuestra comprensión pero que no son del todo ajenas a nuestra experiencia. Cuando intentamos, en el suelo de nuestra imaginación, que una viña crezca desde la nada hasta producir uvas, es posible que identifiquemos muchas de las dificultades y desafíos de preparar un viñedo. Sin embargo sospecho que con frecuencia subestimamos lo jubiloso que puede ser el cultivo.

Después de trabajar duro, quitar las piedras, escardar, deshierbar, abonar, poner estacas, vigilar, podar, estar atentos al estado del tiempo, esperar y mirar el reloj... finalmente llega el momento de cosechar las uvas. Como suele ocurrir, con la cosecha de las uvas vienen los festejos. No me refiero a la fiesta al final de la vendimia, aunque eso ocurre y es el punto culminante. Me refiero a que hay festejo en medio de la cosecha.

En primer lugar, digamos que el festejo fue idea de Dios. Colocó festivales como luces navideñas en el calendario anual hebreo: siete fiestas, cada una en conmemoración de su fidelidad, y ordenó a su pueblo que las celebrara.

Dios quiso que el júbilo fuera una parte integral de la cosecha a tal punto que, si estaba ausente, el pueblo sabría que algo estaba mal.

Les he dicho estas cosas para que se llenen de mi gozo; así es, desbordarán de gozo.

JUAN 15:11

EL JÚBILO
FORMA PARTE
DE LA COSECHA.

Florecer

flo-re-cer

florecer, v.
1. dar flores,
prosperar, crecer
con exuberancia

En el Antiguo Testamento, el pueblo elegido de Dios era su viña. Luego apareció Jesús en escena con una sorprendente revelación: él mismo es la viña. Más aún: nos invita a estar conectados a él, a estar arraigados en él, a permanecer en él. No hay nada más dulce en la vida.

Si usted está en Cristo, él es su Vid verdadera, sea que se dé cuenta o no. Cuando lo sabe, surge toda una nueva manera de florecer. Cuando cuenta con eso. Cuando vive de acuerdo a eso. Cuando suelta esas viñas que usted creía que le daban la vida.

Cristo quiere que florezca en él. Cada nueva cosa que él planta en su vida tiene ese propósito. Si nos entregamos plenamente a su método fiel, por misterioso y doloroso que por momentos sea, descubriremos que es todo parte del proceso que nos permite crecer y dar fruto.

Nos sacaste de Egipto como a una vid;

expulsaste a las naciones paganas y nos

trasplantaste a tu tierra.

Limpiaste el terreno para nosotros,

y echamos raíces y llenamos la tierra.

SALMO 80:8-9

DIOS NO
DESPERDICIA NADA,
ABSOLUTAMENTE
NADA.

Compost

com-post

compost, s. m.
1. mezcla obtenida
por la descomposición
bioquímica de residuos
orgánicos; se usa como
fertilizante

*N*adie me dijo que una vida mínimamente productiva implicaría tanto abono orgánico. Por eso yo se lo digo a usted. Si quiere vivir una vida sumamente fructífera, tendrá que lidiar con grandes cantidades de eso. Ojalá pudiera decirle lo contrario, pero ambos sabemos que no es así.

No me malinterprete, no estoy diciendo que le tiene que gustar el abono. Lo que sí puede llegar a apreciar es que el Viticultor lo usa como un potente fertilizante para que usted produzca un fruto excelente en su vida.

Al principio, ese abono que se va amontonando parecerá carente de valor. Sentirá que no puede aprender nada de ello, salvo, quizás, que la gente puede ser cruel. Seguramente habrá pasado por una prueba o un ataque, una evaluación o una crítica que, incluso años más tarde, sigue pensando que no tuvo ningún efecto constructivo; solo parece un sinsentido. Pero no es así.

Dios lo usa, y lo usa todo. En manos del Viticultor, nada se pierde. Todo cuenta.

Quiero conocer a Cristo y experimentar el gran poder
que lo levantó de los muertos. ¡Quiero sufrir con él y
participar de su muerte, para poder experimentar, de una
u otra manera, la resurrección de los muertos!

FILIPENSES 3:10-11

EL VITICULTOR
PUEDE USAR LOS
DESAFÍOS DE
NUESTRA VIDA
COMO UN PODEROSO
FERTILIZANTE.

Espigar

es-pi-gar

espigar, v.
1. recoger el grano u
otros productos dejados
por los cosecheros

El Señor dio instrucciones específicas a su pueblo sobre qué hacer con la rebusca después de la cosecha: «Cuando recojas las cosechas de tu tierra, no siegues el grano en las orillas de tus campos ni levante lo que caiga de los segadores. Déjalo para los pobres y los extranjeros que viven entre ustedes. Yo soy el SEÑOR tu Dios» (Levítico 23:22).

En esencia, el Señor está diciendo: «Recuerden de dónde vienen. Recuerden la roca de la que fueron tallados. Recuerden que yo los redimí, no lo hicieron por ustedes mismos. Anduvieron errantes. Fueron dependientes, arrojados a merced de extraños que no les debían nada. Ahora que tienen privilegios, no se atrevan a despreciar a quienes no los tienen».

Preste atención en los márgenes de nuestros campos, y verá personas a la que nuestra sociedad no asigna ningún valor. Sin embargo, a los ojos de Dios cada persona tiene un valor inestimable. Esas que están en los márgenes de nuestros campos tienen hambre. Hambre de amor. Hambre de afecto. Hambre de amistad. Hambre de oídos atentos. Hambre de esperanza. Hambre de saber que Dios está ahí y se preocupa por ellas. Me pregunto: ¿Cosechamos teniendo en cuenta los márgenes? ¿Servimos intencionalmente a la gente que está en los márgenes?

Hemos espigado tanta gracia del campo del Viticultor, que ahora es nuestro turno de darla a otros.

Lo que ustedes recibieron gratis,

denlo gratuitamente.

MATEO 10:8 (NVI)

SOLO DIOS PUEDE
SALVAR EL MUNDO.
PERO NOSOTROS
PODEMOS OFRECERLE
UNA FUENTE
CON FRUTA.

Resistencia

re-sis-ten-cia

resistencia, s. f.
1. capacidad de
soportar condiciones
adversas

*T*engo la sensación de que, cuando llega el momento, usted es bastante fuerte... siempre que las dificultades cumplan un propósito. El Viticultor conoce ese anhelo de significado; de hecho, él lo programó así. Él hundió sus raíces en ese tipo de humus que lo hará producir las uvas más deliciosas.

Un día, cuando podamos hablar con Jesús cara a cara y contarle cómo la pestilencia casi nos destruye, seguramente nos dirá —quizás con una sonrisa— que nuestra alma jamás estuvo en riesgo. A decir verdad, tampoco lo estuvo nuestra capacidad de dar fruto. Jesús jamás nos sacó los ojos de encima. Luchó por nosotros. Nos defendió. Se tomó como personales los ataques que recibimos.

Nunca nos dejó solos en el campo de batalla. Hizo por nosotros lo que Dios hizo por José en Génesis 49:24. Cuando los arqueros malignos vinieron contra nosotros, arrojando flechas envenenadas, Dios hizo que nuestro arco se mantuviera tenso, y nuestras «manos fueron fortalecidas por el Poderoso de Jacob».

Jesús sabía cómo se desarrollarían las cosas. Sabía con qué contábamos cuando el diablo vino a acosarnos. Sabía, porque él mismo nos había equipado.

Por eso permitió que usted fuera probado hasta casi más allá de lo que podía soportar. Jesús sabía que demostraría autenticidad. Incluso cuando tememos ser falsos, Jesús nos conoce mejor[6].

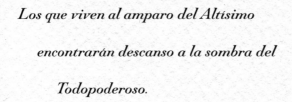

Los que viven al amparo del Altísimo

encontrarán descanso a la sombra del

Todopoderoso.

Declaro lo siguiente acerca del SEÑOR:

Solo él es mi refugio, mi lugar seguro;

él es mi Dios y en él confío.

Te rescatará de toda trampa

y te protegerá de enfermedades

mortales.

SALMO 91:1-3

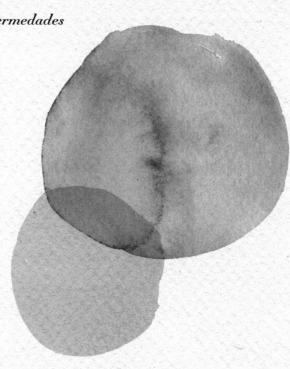

DIOS NO PRODUCE
LAS PLAGAS.
PERO TAMPOCO
LAS DESPERDICIA.

Temporadas

tem-po-ra-da

temporada, s. f.
1. momento caracterizado
por una circunstancia,
fase o actividad de la
agricultura (la siembra,
la cosecha)

Cuando estamos pasando una temporada difícil, ¿acaso la noticia que más esperamos no es que la vida vuelva alguna vez a la normalidad? Cuando el marco de nuestra vida cotidiana se ha desmantelado por completo y el paisaje que nos rodea se nos vuelve irreconocible, nuestro mayor anhelo rara vez es la prosperidad. Lo que anhelamos es la normalidad. No tendemos a pedir la luna cuando hemos perdido todo lo que conocemos. Solo queremos recuperar algo parecido a lo que era antes nuestra vida.

La dura verdad es que no hay vuelta atrás. Sin embargo, una vez que logramos ponernos de pie, es posible ir hacia delante. En su fidelidad, Dios se ocupa de que lo que creíamos que era el final, en realidad no lo sea.

Si no podemos recuperar nuestro atesorado ayer, por lo menos el mañana cuenta. La maravilla de la producción de fruto es que hasta de la peor temporada puede resultar algo bueno. Lo que hemos soportado cuenta.

Hay una temporada para todo,

un tiempo para cada actividad bajo el cielo:

Un tiempo para nacer y un tiempo para morir.

Un tiempo para sembrar y un tiempo para cosechar.

Un tiempo para matar y un tiempo para sanar.

Un tiempo para derribar y un tiempo para construir.

Un tiempo para llorar y un tiempo para reír.

Un tiempo para entristecerse y un tiempo para bailar.

Un tiempo para esparcir piedras y un tiempo para juntar piedras.

Un tiempo para abrazarse y un tiempo para apartarse.

Un tiempo para buscar y un tiempo para dejar de buscar.

Un tiempo para guardar y un tiempo para botar.

Un tiempo para rasgar y un tiempo para remendar.

Un tiempo para callar y un tiempo para hablar.

Un tiempo para amar y un tiempo para odiar.

Un tiempo para la guerra y un tiempo para la paz.

ECLESIASTÉS 3:1-8

DE LA PEOR
TEMPORADA
PUEDE RESULTAR
ALGO BUENO.

Letargo

le-tar-go

letargo, s. m.
1. suspensión de la
actividad biológica;
ausencia de crecimiento
activo, a resguardo
del medioambiente

Se da en toda forma de vida: los cambios no deseados ocurren. Sobrevienen las crisis, las catástrofes. El enemigo viene a robar, matar y destruir. Vocifera amenazas y a veces las cumple. A simple vista, el agradable paisaje que antes nos rodeaba —cada vez más agradable en retrospectiva— ha sido incendiado y arrasado. No obstante, Dios hace sus propias amenazas y nunca habla en vano. Sea que nuestro entorno alguna vez vuelva a parecerse a lo que antes conocimos, o no, si nos queda una pizca de aliento del otro lado, podemos volver a dar mucho fruto.

Quizás ahora mismo esa promesa no le significa gran cosa. Usted no quiere un remanente; quiere recuperar a todas las personas. A decir verdad, querría que todos vuelvan con la edad y en la etapa en la que estaban. Quiere recuperar exactamente ese mismo racimo de uvas, no uno nuevo. Quiere que todo tenga el mismo sabor que alguna vez tuvo. Lo entiendo. Pero con el tiempo, volver a fructificar hará una diferencia mayor de la que se imagina.

Después del invierno, la rama sigue perfectamente viva y más preparada que nunca para dar fruto.

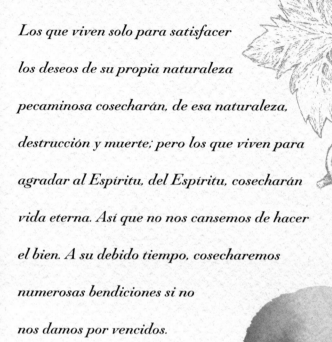

Los que viven solo para satisfacer

los deseos de su propia naturaleza

pecaminosa cosecharán, de esa naturaleza,

destrucción y muerte; pero los que viven para

agradar al Espíritu, del Espíritu, cosecharán

vida eterna. Así que no nos cansemos de hacer

el bien. A su debido tiempo, cosecharemos

numerosas bendiciones si no

nos damos por vencidos.

GÁLATAS 6:8-9

LETARGO NO
SIGNIFICA
MUERTE.

Cultivar

cul-ti-var

cultivar, s. m.
1. organismo,
especialmente
de una variedad
agrícola u hortícola,
originada bajo
cultivo (el término
viene del que se
acuñó en inglés
como contracción de
cultivated + *variety*,
variedad cultivada)

*T*odos estamos llamados, varones y mujeres por igual, a ser parte del cultivar de la Vid, de la variedad cultivada con un propósito. Desde el comienzo mismo, Jesús llamó a varones y mujeres a la obra evangelizadora. Dios derramó su Espíritu sobre sus hijos e hijas, y no desperdicia ninguna vida dispuesta.

En los Evangelios, Jesús describe una manera de producir fruto que el Padre valora por encima de todas los demás. Toda vida unida a él posee la capacidad de ser asombrosamente productiva. Sin embargo, al igual que una vid natural, a veces estamos inclinados a preguntarnos si el suelo donde estamos plantados se propone cultivarnos o matarnos.

Bienvenido a la viña fructífera, donde las uvas solo crecen en tensión.

En esos días derramaré mi Espíritu

aun sobre mis siervos —hombres y mujeres por igual—

y profetizarán.

HECHOS 2:18

EL CRECIMIENTO
SOLO OCURRE
EN TENSIÓN.

Maduro

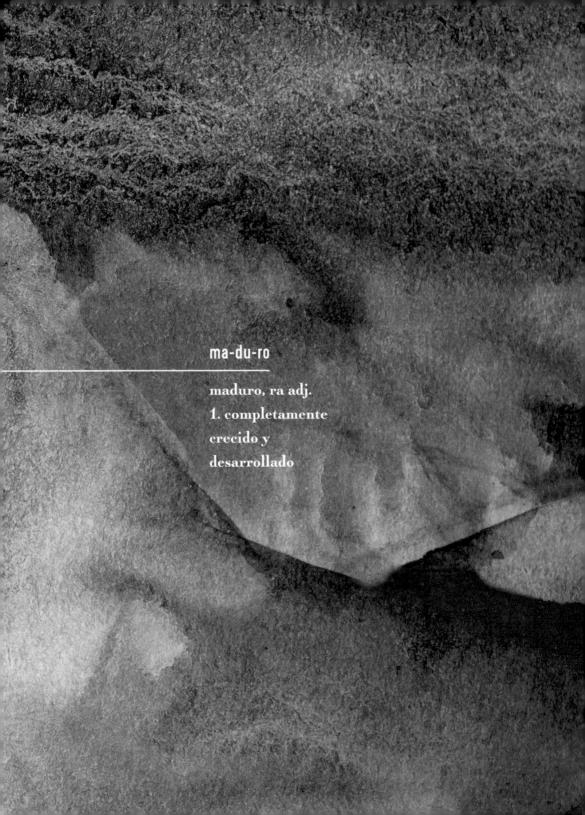

ma-du-ro

maduro, ra adj.
1. completamente
crecido y
desarrollado

*C*uando llegue al cielo, imagino que Jesús lo recibirá en la entrada y lo rodeará con sus brazos, y luego le dará un panorama retrospectivo de su vida.

Jesús dirá: «¿Ves ese terreno pedregoso allá? ¿Recuerdas ese terreno áspero que rompió la suela de tu calzado y te dejó los pies llenos de ampollas? Eso era parte del proceso de convertirte en la persona que eres ahora».

Usted verá aquel lugar donde vivió por un tiempo, un lugar que jamás hubiera elegido si de usted dependía. «Ese lugar no fue un accidente», dirá Jesús. «Estabas precisamente donde debías estar. De hecho, ese era un lugar sagrado».

Luego, Jesús lo llevará a las escenas más doloras que haya soportado. Aquel lugar donde fue podado hasta casi perder la vida. El sitio donde la plaga casi acabó con usted. Pero esta vez no verá las tijeras de podar ni las hojas comidas por la plaga.

Solo verá la belleza que surgió de las cenizas, el gozo que brotó del duelo, la alabanza que nació del suelo de la desesperación.

Finalmente, Jesús le mostrará un campo con cestas y más cestas de uvas bien maduras. «¿De dónde vendrán estas uvas?» se preguntará usted.

El Viticultor sonreirá de oreja a oreja. «Este es el fruto de tu vida. Ya sabes que me gusta lograr el crecimiento de las cosas».

Luego lo rodeará con el brazo. «Jamás hubo un momento en que no estuviera contigo. Todo el tiempo estuve ahí, cantando».

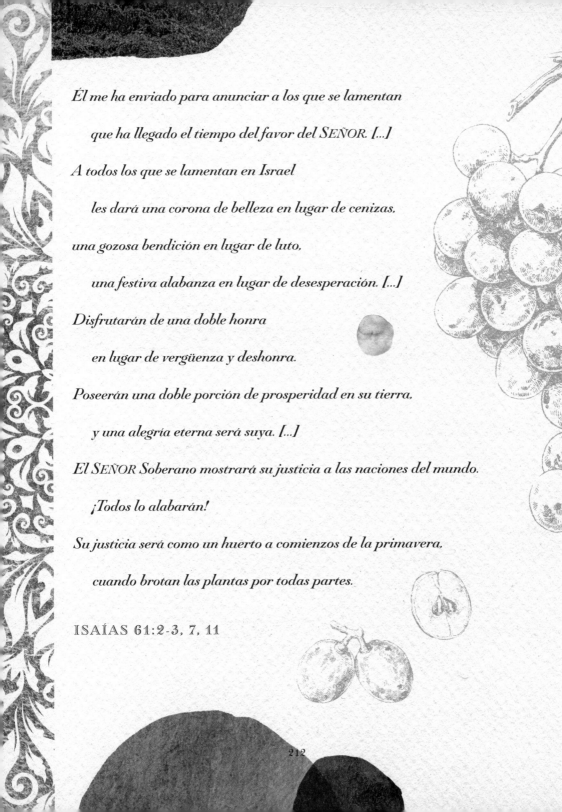

Él me ha enviado para anunciar a los que se lamentan

que ha llegado el tiempo del favor del SEÑOR. [...]

A todos los que se lamentan en Israel

les dará una corona de belleza en lugar de cenizas,

una gozosa bendición en lugar de luto,

una festiva alabanza en lugar de desesperación. [...]

Disfrutarán de una doble honra

en lugar de vergüenza y deshonra.

Poseerán una doble porción de prosperidad en su tierra,

y una alegría eterna será suya. [...]

El SEÑOR Soberano mostrará su justicia a las naciones del mundo.

¡Todos lo alabarán!

Su justicia será como un huerto a comienzos de la primavera,

cuando brotan las plantas por todas partes.

ISAÍAS 61:2-3, 7, 11

JAMÁS HUBO
UN MOMENTO
EN QUE ÉL NO
ESTUVIERA
JUNTO A USTED.

Cosecha

co-se-cha
_____

cosecha, s. f.
1. conjunto de frutos,
generalmente de un
cultivo, que se recogen
al llegar a la madurez;
rendimiento

La promesa del fruto de la viña y de los árboles frutales no tiene que ver únicamente con comida. Tiene que ver con la esperanza. Ofrece la evidencia palpable de un destino cumplido. Significa que la tierra, la vid y la higuera están haciendo lo que fueron creadas para hacer: producir fruta.

La esperanza no se da en el vacío. Hay un conocimiento oculto inherente a la esperanza. Para existir y persistir, la esperanza conoce algo real, por tenue que pueda parecer. Ese conocimiento es lo que llamamos fe. La fe no es frágil. No es pedir un deseo cuando hay luna llena o vemos una estrella fugaz. Es la férrea convicción de algo que no podemos ver.

Sabemos que habrá un mundo mejor, aunque no sabemos cuándo y ni siquiera los mejores teólogos pueden explicar precisamente cómo. Sabemos que un Dios eterno no se detendrá hasta que haya completado el círculo. Lo sabemos porque él lo ha dicho. Así como Dios redimió a los seres humanos de la maldición del pecado por medio de la Cruz, redimirá la tierra de la maldición de pecado que hizo que la tierra se rebele contra la obra de manos humanas.

El que le suple semilla al que siembra también le suplirá pan para que coma, aumentará los cultivos y hará que ustedes produzcan una abundante cosecha de justicia. Ustedes serán enriquecidos en todo sentido para que en toda ocasión puedan ser generosos, y para que por medio de nosotros la generosidad de ustedes resulte en acciones de gracias a Dios.

2 CORINTIOS 9:10-11 (NVI)

RECOGERÁS
UNA COSECHA
DE ESPERANZAS.

Vitivinicultura

vi-ti-vi-ni-cul-tu-ra

vitivinicultura, s. f.
1. conjunto de técnicas y
conocimientos relativos
al cultivo de la vid,
especialmente para la
elaboración de vino

*H*ay algunos misterios en la vitivinicultura que no pueden ser dilucidados completamente desde la ciencia. Están destinados a ser simplemente apreciados. Los mejores vitivinicultores de la Toscana pueden plantar una viña en un lugar selecto, pero no pueden hacer que la tierra los obedezca. Pueden elegir el mejor clima, pero no pueden controlar el estado del tiempo. Pueden esforzarse por obtener regularidad en el agua y los fertilizantes, pero no pueden obligar a la vid a producir el mismo vino que el de la planta en la siguiente espaldera. Se pueden estudiar los misterios de la vitivinicultura, pero no todos pueden ser resueltos.

No es tan diferente en la vida de fe. Por mucho que nos gustaría una fórmula que garantizara el resultado de nuestra vida, descubrimos que sobran misterios y nos falta control. En lugar de una fórmula, Dios nos da una invitación, nos ofrece una relación. No podemos controlar a Dios; solo hacemos predicciones sobre él. Sin embargo hay algo que podemos hacer: confiar en él, y luego abrirnos al misterio.

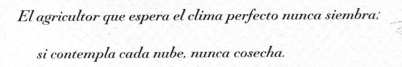

El agricultor que espera el clima perfecto nunca siembra;

si contempla cada nube, nunca cosecha.

Así como no puedes entender el rumbo que toma el viento ni

el misterio de cómo crece un bebecito en el vientre de

su madre, tampoco puedes entender cómo actúa Dios,

quien hace todas las cosas.

ECLESIASTÉS 11:4-5

HAY CIERTOS
MISTERIOS QUE NO
SE PUEDEN DILUCIDAR
COMPLETAMENTE CON
LA RAZÓN NI
CON LA LÓGICA.

Vendimia

ven-di-mia

vendimia, s. f.
1. temporada de
recolección de la
uva de una viña

*C*uando las condiciones son buenas, una sola planta de vid puede producir alrededor de tres mil uvas. No es solo para usted; Dios lo diseñó para producir una cosecha que irá mucho más allá de su vida. Cuando su vendimia en la tierra llegue a un final, Dios lo invitará a la fiesta suprema... en su propia mesa.

Cuando ese día llegue, asistiremos a una fiesta de boda que superará toda otra fiesta de casamiento... incluso la famosa boda de Caná. Nos gozaremos y estaremos exultantes. Y después de tanta autoconsciencia y autopercepción, no me digan que esa euforia no será un gran alivio.

Seremos más felices de lo que podemos imaginarnos.

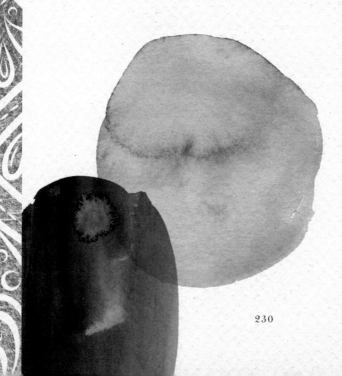

Sobre este monte, el SEÑOR Todopoderoso

preparará para todos los pueblos

un banquete de manjares especiales,

un banquete de vinos añejos,

de manjares especiales y de selectos

vinos añejos.

ISAÍAS 25:6 (NVI)

SU COSECHA
DURARÁ MUCHO MÁS
QUE SU VIDA.

REFERENCIAS

1. Walter William Skeat, *A Concise Etymological Dictionary of the English Language* [Un conciso diccionario etimológico del idioma inglés] (London: Clarendon Press, 1885), 211.

2. L. H. Bailey en Jeff Cox, *From Vines to Wines: The Complete Guide to Growing Grapes and Making Your Own Wine* [De la vid al vino: La guía completa para cultivar uvas y hacer su propio vino] (North Adams, MA: Storey, 2015), 14.

3. Robert E. White, *Understanding Vineyard Soils* [Entender el suelo del viñedo] (Oxford: Oxford University Press, 2009), 25.

4. White, 17.

5. White, 175.

6. Partes de este párrafo aparecen originalmente en Beth Moore, "To Servants of Jesus in Your 30s and 40s" [A siervos de Jesús de 30 a 50 años], *The LMP Blog*, 23 de mayo del 2016, https://blog.lproof.org/2016/05/to-servants-of-jesus-in-your-30s-and-40s.html.

CRÉDITOS ARTÍSTICOS

Acerca de la Autora

La escritora y conferencista Beth Moore es una profesora dinámica cuyas conferencias la han llevado a viajar por todo el mundo. Ha escrito numerosos libros y estudios bíblicos de éxito de venta, entre ellos *Persiguiendo la vid* y *Hasta luego, Inseguridad*, que han sido leídos por mujeres de todas las edades, etnias y denominaciones. Beth Moore celebró recientemente los veinte años de las conferencias Living Proof Live. Se la puede ver dirigiendo estudios bíblicos en el programa de televisión *Living Proof with Beth Moore*, transmitido por Trinity Broadcasting Network.

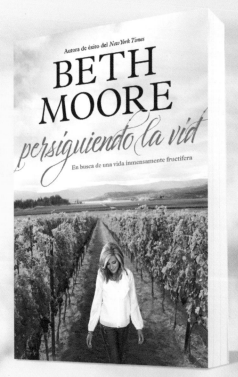

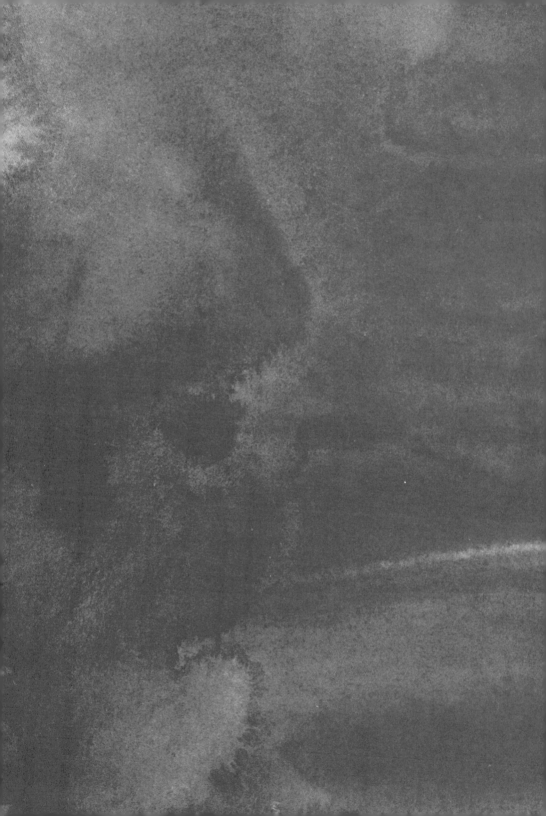